La cuisine du Maghreb

de Baligh

&

Sophie

Sommaire

02

Introduction

— Sophie et Baligh se sont rencontrés à la fin du lycée, et, depuis, ils ne se quittent plus. Quand ils ont acheté leur plateau dans la copropriété, ils ne connaissaient rien à la plomberie, à l'électricité ni à la maçonnerie. Pourtant, Sophie avait imaginé et dessiné chaque détail de l'appartement, et tout est devenu réalité.

— Quand elle cuisine avec Baligh, c'est pareil, elle pense à tout : à la table qu'elle va dresser, à la nappe qu'elle va choisir… et elle laisse Baligh choisir le vin et la musique.

— La cuisine du Maghreb, ses épices, sa chaleur et sa convivialité, c'est Baligh qui l'a fait découvrir à Sophie. Pour être honnête, c'est plutôt Latifa, la maman de Baligh, qui a transmis son savoir-faire à Sophie.

— Baligh, la cuisine, ce n'est pas sa passion. Il adore manger, il adore aider Sophie à cuisiner mais, tout seul, il ne se lancerait pas dans la préparation d'un plat ! Latifa, tout en dévoilant ses secrets à Sophie, en a profité pour enseigner quelques bases à Baligh. Il n'est jamais trop tard pour apprendre…

— Ce que préfère Baligh, ce sont les recettes qu'on mange avec les doigts, sans chichis !
Les plats traditionnels du bled, ceux qui ont bercé l'enfance de Baligh, vous les retrouverez dans ce livre.
Sophie, fière de son apprentissage, s'est empressée de mettre sa petite touche personnelle pour adapter quelques plats traditionnels.

— Sophie et Baligh vous livrent tous leurs secrets, côté déco et côté cuisine ; à vous de créer !

À vos casseroles.

Baligh

30 ans
Marié avec Sophie
J'AIME:
– Mon épouse, Sophie
– Ma fameuse crème (spécialité de ma
très chère maman ; mais c'est un secret)
– Du bon foie gras du Gers
– Regarder Sophie cuisiner
– Des vendanges tardives
(hum… trop bon!)
– Ah oui, j'ajoute encore et
toujours Sophie

JE N'AIME PAS:
– Le chou-fleur
– Toucher la viande crue
– Éplucher les oignons (je suis un
grand sensible)
– Gâcher la nourriture
– Faire la vaisselle après avoir cuisiné
– Les mauvais vins

06

Sophie

28 ans
Mariée avec Baligh
J'AIME :
- Les jolies choses... et les créer
- Faire plaisir aux gens
- Mon mari et ma famille
- Dresser une jolie table
- Les sashimis au saumon
- Les bons plats
- Les mots succulent, exquis,
magnifique
- Les forêts enchantées, ses fées
et ses elfes

JE N'AIME PAS :
- La cervelle
- Les méchants
- Le faux design
- Manger devant la télé sans se parler
- Me faire arnaquer
- Les racistes, les fachos, les esprits
étroits et l'intolérance (Je les hais)
- Manger en quatrième vitesse

L'ENTRÉE :

Chaque pièce a été créée par Sophie et Baligh dans une ambiance et un style bien précis. On peut ainsi passer de l'entrée intimiste, façon boudoir, à une cuisine moderne et ouverte ; et de la chambre zen à la salle de bains, qui est en fait un véritable hammam miniature ! Tous ces espaces s'harmonisent et, comme le dit si bien Sophie, « il ne faut pas avoir peur de pousser un style jusqu'au bout ; on ne pourra jamais vous reprocher d'avoir joué le jeu ».

LA CUISINE :

La cuisine est un lieu ouvert, qui rassemble ; des tabourets de bar ont été placés autour de l'îlot central regroupant les éléments de cuisson : four, plaques au gaz et à induction. On aime s'y retrouver lorsque l'un d'entre nous cuisine. On y prend l'apéro, on y déjeune, c'est un endroit convivial.

La maison de **Baligh & Sophie**

TABLEAU :

J'aime tout particulièrement ce tableau choisi par ma maman car il participe pleinement de l'ambiance du loft bien qu'il soit d'un style opposé au reste de l'appartement. Son côté vieille école en fait le support idéal de nos anciennes photos et on peut s'y laisser des petits messages…

LA TABLE :

On a créé une ambiance « noir et blanc » dans l'espace repas. Cela nous permet, d'un repas à l'autre, de dresser des tables complètement différentes dans leur esprit et leurs couleurs. Elle est d'une taille généreuse et une rallonge nous permet d'y accueillir jusqu'à 12 convives.

09

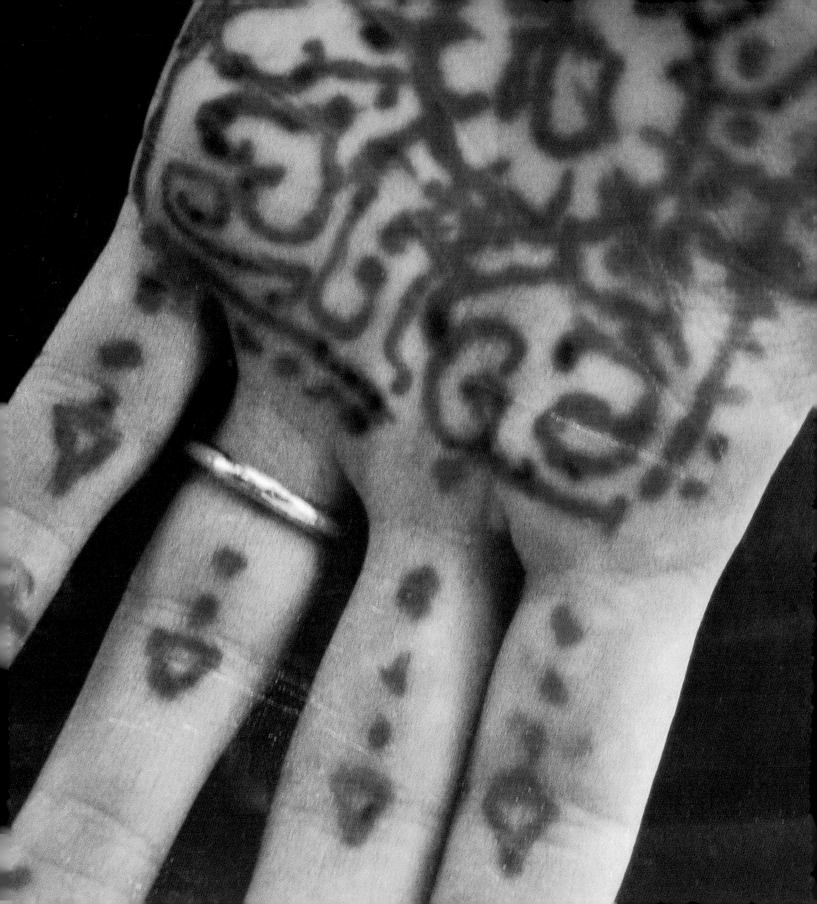

Avec les doigts...

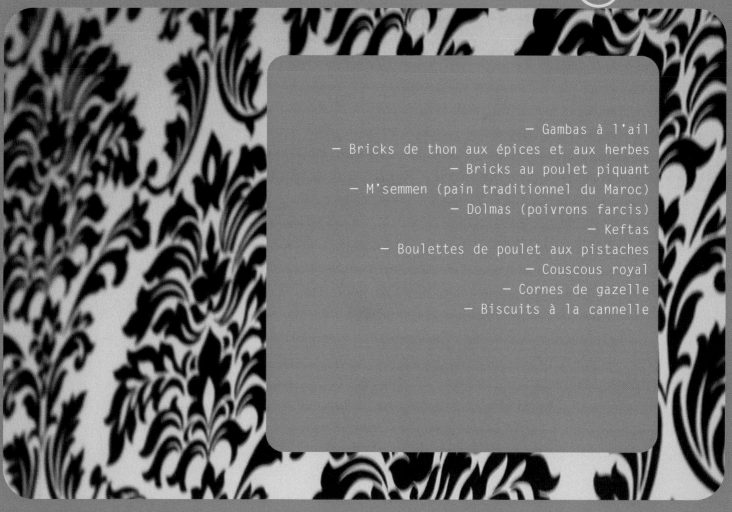

– Gambas à l'ail
– Bricks de thon aux épices et aux herbes
– Bricks au poulet piquant
– M'semmen (pain traditionnel du Maroc)
– Dolmas (poivrons farcis)
– Keftas
– Boulettes de poulet aux pistaches
– Couscous royal
– Cornes de gazelle
– Biscuits à la cannelle

Gambas à l'ail

INGRÉDIENTS :
1 kg de gambas
6 gousses d'ail
1 bouquet de persil
3 cuil. à soupe d'huile d'olive
5 cuil. à soupe de crème fraîche liquide
Sel & poivre.

POUR 4 PERSONNES
PRÉPARATION : 10 MIN
CUISSON : 12 MIN

— Rincez les gambas et égouttez-les. Épluchez l'ail et coupez-le finement.
Lavez et ciselez le persil. Dans une grande poêle, faites chauffer à feu vif l'huile d'olive et versez les gambas, l'ail, le persil, du sel et du poivre.
Remuez constamment avec une cuillère en bois. Laissez cuire 5 à 7 minutes avant de verser la crème fraîche. Laissez mijoter 5 minutes puis servez.

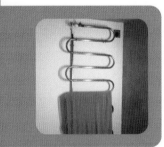

12

IDÉE DÉCO : Les robinetteries et le radiateur ont été réalisés en cuivre. Ils s'accordent parfaitement avec l'ambiance hammam de notre salle de bains et avec nos vasques en cuivre martelé du Maroc.

Bricks de thon aux épices et aux herbes

INGRÉDIENTS :
6 branches de coriandre fraîche
6 branches de persil plat
300 g de thon en boîte
2 cuil. à soupe d'huile pour la farce
1 cuil. à café de Ras el Hanout
1 poignée de pignons de pin
18 feuilles de brick
1 blanc d'œuf
2 à 4 cuil. à soupe d'huile
d'olive pour la cuisson
Sel.

POUR 6 PERSONNES
PRÉPARATION : 15 MIN
CUISSON : 15 MIN

— Lavez les fines herbes puis hachez-les. Émiettez le thon avec l'huile, le sel, les épices, les pignons grillés à sec et les herbes.
— Étalez 1 feuille de brick et déposez 2 cuillerées à soupe de farce au centre. Pliez la feuille de façon à obtenir un triangle. Collez les bords à l'aide d'un pinceau trempé dans le blanc d'œuf.
— Dans une poêle bien chaude, versez l'huile d'olive. Faites frire les bricks de chaque côté jusqu'à ce qu'elles soient dorées.

Bricks au poulet piquant

INGRÉDIENTS :
4 branches de coriandre
4 gousses d'ail
1 oignon rouge
2 cm de gingembre frais
300 g de reste de poulet cuit
(escalope, cuisse)
100 g d'olives vertes dénoyautées
1 cuil. à café de cannelle
1 pointe de pâte de piment
1 citron confit
16 feuilles de brick
1 blanc d'œuf
2 cuil. à soupe d'huile d'olive
Sel & poivre.

POUR 4 PERSONNES
PRÉPARATION : 15 MIN
CUISSON : 15 MIN

— Lavez la coriandre, égouttez-la puis ciselez-la. Épluchez et émincez l'ail et l'oignon. Épluchez et râpez le gingembre. Coupez le poulet en petites lamelles. Hachez les olives.
— Mélangez tous les ingrédients (à l'exception des feuilles de brick, du blanc d'œuf et de l'huile d'olive) dans un saladier.
— Étalez 1 feuille de brick et déposez 2 cuillerées à soupe de farce au centre. Pliez la feuille de façon à obtenir un triangle. Collez les bords à l'aide d'un pinceau trempé dans le blanc d'œuf.
— Dans une poêle bien chaude, versez l'huile d'olive. Faites frire les bricks de chaque côté jusqu'à ce qu'elles soient dorées.

M'semmen (pain traditionnel du Maroc)

INGRÉDIENTS :
100 g de beurre
1/2 sachet de levure boulangère
500 g de farine
15 cl d'huile d'olive
Sel.

POUR 10 GALETTES
PRÉPARATION 30 MIN
REPOS : 30 MIN
CUISSON : 15 MIN

— Sortez le beurre du réfrigérateur. Diluez la levure dans un petit verre d'eau tiède selon les indications écrites sur l'emballage.

— Quand la levure est prête, versez la farine en puits dans un saladier et pétrissez ensemble la farine, le sel et la levure. Versez de l'eau tiède petit à petit, jusqu'à ce que la pâte devienne souple. Badigeonnez d'huile d'olive, couvrez d'un linge propre et laissez reposer 30 min.

— Formez 10 petites boules puis aplatissez-les avec les mains et badigeonnez-les d'huile d'olive. Aplatissez chaque galette avec un rouleau et enduisez-les de beurre en pommade en faisant attention à ne pas les casser. Pliez chaque galette en quatre.

— Dans une poêle à sec, faites cuire les galettes de chaque côté pendant 2 minutes.

CONSEIL :
Ajoutez l'eau tiède petit à petit,
en pétrissant à chaque fois.

Dolmas (poivrons farcis)

INGRÉDIENTS :

4 poivrons rouges
4 gousses d'ail
2 oignons
1 cuil. à soupe d'huile d'olive
1 grande boîte de tomates pelées
1 cuil. à café de piment fort
1 cuil. à soupe de thym ou d'origan
1 cuil. à café de sucre en poudre
500 g d'agneau haché
100 g de fromage râpé (facultatif)
Sel & poivre.

POUR 4 PERSONNES
PRÉPARATION : 20 MIN
CUISSON : 50 MIN

— Coupez la queue et l'extrémité des poivrons, retirez les graines et les parties blanches. Tous les poivrons conviennent à cette recette.

— Épluchez l'ail et l'oignon, émincez-les finement et faites-les dorer à la poêle avec l'huile d'olive. Salez et poivrez. Quand les oignons sont dorés, ajoutez les tomates, le piment, les herbes et le sucre. Écrasez les tomates dans la poêle à l'aide d'une cuillère en bois. Laissez mijoter 15 minutes en remuant. Réservez la moitié de la sauce. Versez la viande dans la poêle et mélangez, laissez cuire 10 minutes.

— Remplissez les poivrons de farce et disposez-les dans un plat à gratin huilé. Versez le reste de sauce tomate sur l'ensemble du plat et saupoudrez éventuellement de fromage râpé. Faites cuire 20 minutes au four à 180 °C (th. 6).

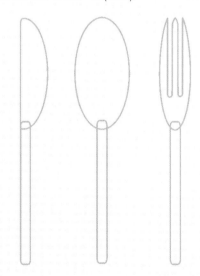

18

CONSEIL : Une fois les poivrons dans le plat, les huiler légèrement à l'aide d'un pinceau ou avec les doigts !

Keftas

INGRÉDIENTS :
1 poignée de menthe fraîche
500 g de bœuf haché
1 cuil. à soupe de thym
1 cuil. à soupe d'origan
1 oignon
1 cuil. à café de graines de cumin
1 pointe de pâte de piment
Sel.

POUR 4 PERSONNES
PRÉPARATION : 10 MIN
CUISSON : 10 MIN

— Lavez et ciselez la menthe. Dans un saladier, mélangez intimement tous les ingrédients. Formez des boulettes compactes avec les mains.
— Vous pouvez cuire les keftas à la poêle avec un filet d'huile d'olive (10 minutes) ou au barbecue en brochettes (5 minutes).

Boulettes de poulet aux pistaches

INGRÉDIENTS :
2 escalopes de poulet
6 cuil. à soupe de farine
1 œuf
1 cuil. à soupe de Ras el Hanout
1 cuil. à soupe de graines de coriandre moulues
100 g de pistaches décortiquées
4 à 6 cuil. à soupe de chapelure
3 cuil. à soupe d'huile d'olive
Sel.

POUR 4 PERSONNES
PRÉPARATION : 15 MIN
CUISSON : 10 MIN

— Hachez le poulet et mélangez-le avec la farine, l'œuf battu, les épices, du sel et les pistaches. Formez des petites boulettes (1 cuillerée à soupe de préparation) et roulez-les dans la chapelure. Dans une poêle, faites chauffer l'huile d'olive et faites-y cuire les boulettes 10 minutes environ en les retournant régulièrement.

Coucous royal

INGRÉDIENTS :

3 escalopes de poulet fermier
500 g de collier d'agneau
4 cuil. à soupe d'huile d'olive
1 cuil. à café de hot paprika
1 cuil. à soupe de cumin en poudre
1 cuil. à soupe de coriandre en poudre
4 courgettes
1 aubergine
3 carottes
4 branches de céleri
6 navets
2 oignons rouges
6 tomates
1 dose de pistils de safran
1 petite boîte de pois chiches
600 g de semoule moyenne
1 noix de beurre
6 merguez
Harissa (facultatif)
Sel.

POUR 6 PERSONNES
MARINADE : 2 H
PRÉPARATION : 40 MIN
CUISSON : 2 H

— Coupez le poulet et l'agneau en morceaux. Dans un bol, mélangez l'huile d'olive avec le paprika, le cumin et la coriandre, versez la marinade sur la viande. Mélangez et laissez mariner au frais pendant 2 heures.

— Lavez et détaillez tous les légumes. Pelez, épépinez et mixez les tomates.

— Dans un couscoussier, faites dorer la viande et les oignons avec la moitié de la marinade. Retirez la viande et faites revenir 5 minutes les carottes, l'aubergine, le céleri et les navets en remuant régulièrement. Ajoutez la viande. Couvrez d'eau et ajoutez le safran ainsi que les tomates.

— Laissez mijoter 1 heure puis ajoutez les courgettes et les pois chiches. Laissez cuire 30 minutes. Assaisonner.

— Faites cuire la semoule dans le panier du couscoussier. Quand elle est cuite, roulez-la plusieurs fois avant d'ajouter une noix de beurre.

— Faites griller les merguez au gril et servez-les à part.

— Accompagnez de harissa.

22

CONSEIL :
Ne couvrez pas le panier
contenant la semoule.

Cornes de gazelle

INGRÉDIENTS :
200 g de farine
50 g de beurre fondu
175 g d'amandes en poudre
40 g de sucre en poudre
1 cuil. à café de cannelle en poudre
3 cuil. à soupe d'eau de fleur d'oranger
Sucre glace
Sel.

PRÉPARATION : 45 MIN

CUISSON : 20 MIN

— Dans un saladier, pétrissez la farine avec une pincée de sel et le beurre fondu.
Versez 10 cl d'eau au fur et à mesure. Pétrissez jusqu'à ce que le mélange soit homogène.

— Préparez la farce dans un second saladier : versez la poudre d'amande, le sucre
en poudre, la cannelle et l'eau de fleur d'oranger. Mélangez.

— Étalez la pâte et découpez-la en triangles. Déposez un peu de farce. Roulez le triangle
sur lui-même afin d'obtenir un minicroissant. Déposez toutes les cornes de gazelle sur une
plaque. Faites cuire 20 minutes au four à 180 °C (th. 6). Saupoudrez de sucre glace.

Biscuits à la cannelle

INGRÉDIENTS :
1 orange non traitée
250 g de farine
150 g de beurre en pommade
100 g de sucre en poudre
1 cuil. à café de cannelle en poudre
80 g d'amandes en poudre
1 œuf + 1 jaune.

PRÉPARATION : 25 MIN

CUISSON : 20 MIN

— Zestez l'orange et faites blanchir les zestes 1 minute dans une casserole d'eau bouillante.
Égouttez et réservez.

— Mélangez la farine et le beurre, puis versez le sucre, la cannelle, la poudre d'amande,
les zestes et l'œuf entier. Pétrissez jusqu'à ce que la pâte soit homogène.

— Abaissez la pâte et découpez les biscuits à l'aide d'un emporte-pièce. Badigeonnez
les biscuits avec du jaune d'œuf et faites cuire au four 20 minutes à 160 °C (th. 5-6).

24

IDÉE DÉCO : L'entrée a été conçue dans un esprit boudoir : pampilles, cadres rococo dorés, taffetas et moulures participent à rendre ce lieu chaleureux et accueillant.

Comme au bled !

— Salade d'oignon et d'orange parfumée à la cannelle
— Potage velouté de boulgour
— Brick à l'œuf
— Sardines farcies à la coriandre
— Foie en sauce
— Barkhoukech gafssien
— Calamars farcis
— Mermez
— Chorba de Fès
— Carottes sauce piquante
— Tajine de potiron et de poulpe
— Couscous végétarien
— Tajine de poulet aux fruits secs
— Tajine de poissons
— Mhencha
— Cigares aux amandes

Salade d'oignon et d'orange
parfumée à la cannelle

POUR 4 PERSONNES
PRÉPARATION : 20 MIN

INGRÉDIENTS :
2 oignons rouges
4 oranges
100 g d'olives vertes dénoyautées
1 cuil. à soupe de sucre roux
2 cuil. à soupe d'huile d'olive
1 cuil. à soupe de vinaigre de vin
1 cuil. à café de cannelle en poudre
Sel & poivre.

— Épluchez les oignons, pelez les oranges et coupez-les en rondelles. Arrangez les oignons et les oranges dans un grand plat. Hachez les olives grossièrement et répartissez-les sur le plat. Versez le sucre, l'huile, le vinaigre, la cannelle, du sel et du poivre. Servez bien frais.

Potage velouté de boulgour

POUR 6 PERSONNES
PRÉPARATION : 10 MIN
CUISSON : 50 MIN

INGRÉDIENTS :
1 petite boîte de pois chiches
200 g de fèves écossées et épluchées
200 g de boulgour fin (blé mondé)
2 cuil. à soupe de concentré de tomates
1 cuil. à soupe de cumin en poudre
1 cuil. à café de hot paprika
Harissa (selon les goûts)
Sel.

— Égouttez les pois chiches, versez-les dans un faitout avec les fèves et le boulgour, couvrez avec 1,5 l d'eau et portez à ébullition. Laissez mijoter 30 minutes sans couvercle.
— Quand la soupe devient homogène, diluez le concentré de tomates dans 1 petit verre d'eau et versez-le dans le faitout avec le reste des ingrédients. Mélangez et laissez mijoter à nouveau 15 minutes. Mixez ou non le potage, selon votre préférence.

Brick à l'œuf

INGRÉDIENTS :

5 brins de persil plat
1 oignon rouge
200 g d'agneau haché
Le jus de 1/2 citron
5 cuil. à soupe d'huile d'olive
4 feuilles de brick
4 œufs
Sel & poivre.

POUR 4 PERSONNES
PRÉPARATION : 25 MIN
CUISSON : 30 MIN

— Lavez et ciselez le persil. Épluchez et émincez l'oignon finement. Dans une poêle, faites dorer l'oignon 7 minutes environ en remuant, puis ajoutez l'agneau. Laissez cuire 10 minutes. Hors du feu, versez le jus de citron, 1 cuillerée à soupe d'huile d'olive, le persil ; salez et poivrez.

— À l'aide d'une cuillère, étalez la farce sur toute la surface des feuilles de brick. Cassez les œufs un par un puis déposez-les au centre de chaque feuille. Pliez les feuilles de brick en deux. Dans une poêle bien chaude, faites chauffer 2 cuillerées à soupe d'huile et faites frire les bricks en veillant à ne pas les casser.
Aspergez le reste d'huile d'olive sur les bricks avant de les retourner délicatement. Retirez quand les bricks sont dorées et gonflées.

30

IDÉE DÉCO : La lumière participe aussi à créer une ambiance, n'hésitez pas à utiliser des lumières chaudes et douces, des bougies pour créer une ambiance intime... même dans une salle de bains.

Sardines farcies à la coriandre

INGRÉDIENTS :
1 kg de sardines fraîches
1 bouquet de coriandre
1 bouquet de persil
4 gousses d'ail
4 pommes de terre
9 cuil. à soupe d'huile d'olive
1 cuil. à soupe de Ras el Hanout
2 œufs
30 g de farine
Sel.

POUR 4 PERSONNES
PRÉPARATION : 30 MIN
CUISSON : 30 MIN

— Videz les sardines, rincez-les et réservez-les.

— Lavez et ciselez les herbes, épluchez et écrasez l'ail dans un presse-ail. Lavez et épluchez les pommes de terre, coupez-les en morceaux et faites-les cuire à la vapeur 15 minutes. Versez-les dans un saladier avec 6 cuillerées à soupe d'huile d'olive et écrasez-les à l'aide d'une fourchette.

— Quand le mélange est homogène, ajoutez les herbes, l'ail, le Ras el Hanout, du sel et les œufs. Introduisez la farce dans les sardines. Roulez les sardines dans la farine et faites-les frire dans le reste d'huile à la poêle 5 à 7 minutes de chaque côté selon leur taille.

Foie en sauce

INGRÉDIENTS :
1 petit piment
5 gousses d'ail
1 cuil. à soupe de cumin en poudre
1 cuil. à soupe de paprika
2 cuil. à soupe de vinaigre de vin
500 g de foie d'agneau ou de veau
2 cuil. à soupe d'huile d'olive
1 cuil. à soupe de poivre rose
1 cuil. à soupe de poivre noir
Sel.

POUR 4 PERSONNES
PRÉPARATION : 20 MIN
CUISSON : 25 MIN

— Coupez le piment en deux, ôtez les graines sous un filet d'eau et hachez-le. Épluchez les gousses d'ail et coupez-les finement. Pilez l'ail et le piment avec le cumin, le paprika, du sel et le poivre. Diluez avec le vinaigre et 10 cl d'eau.

— Dénervez le foie, et coupez-le en petits morceaux. Dans une poêle, faites chauffer l'huile et faites-y cuire le foie. Versez les épices et laissez mijoter 10 minutes.

— Servez chaud ou froid.

Barkhoukech gafssien

INGRÉDIENTS :

50 g de lentilles vertes
100 g de fèves sèches
(ou de pois cassés)
3 poulpes
5 branches de céleri
2 carottes
1 aubergine
600 g de potiron
8 gousses d'ail
1 petite boîte de pois chiches
1 cuil. à soupe de cumin en poudre
1 cuil. à soupe de paprika en poudre
5 cuil. à soupe d'huile d'olive
150 g de semoule moyenne
Harissa (facultatif)
1 bouquet de persil
Sel & poivre.

POUR 4 PERSONNES
PRÉPARATION : 30 MIN
CUISSON : 1 H 10 MIN
REPOS : 12 H

— La veille, faites tremper les lentilles et les fèves dans un grand saladier d'eau salée. Le jour même, rincez-les et égouttez-les. Faites vider les poulpes par votre poissonnier, coupez-les finement. Lavez, épluchez et coupez tous les légumes en dés. Versez-les dans la marmite d'un couscoussier avec les morceaux de poulpe, les pois chiches, les fèves, les lentilles et l'huile d'olive. Ajoutez le cumin, le paprika et du poivre. Couvrez de 2 l d'eau et laissez cuire 1 heure. En milieu de cuisson, déposez le panier du couscoussier, dans lequel vous aurez versé la semoule. Couvrez et finissez la cuisson.

— Enlevez le panier, salez la soupe et ajoutez la semoule. Mélangez et laissez mijoter 10 minutes. Servez chaud avec de la harissa et quelques feuilles de persil.

34

CONSEIL : Pour plus de piquant, ajoutez en début de cuisson un piment entier fendu en deux.

Calamars farcis

INGRÉDIENTS :

30 g de riz
100 g de pignons de pin
1 bouquet de persil
1 oignon
4 calamars
3 cuil. à soupe d'huile d'olive
2 œufs durs
8 cuil. à soupe de purée de tomates
Sel & poivre.

POUR 4 PERSONNES
PRÉPARATION : 20 MIN
CUISSON : 1 H

— Faites cuire le riz dans une casserole d'eau salée, selon les indications portées sur l'emballage. Laissez refroidir. Faites griller à sec les pignons de pin dans une poêle. Lavez et ciselez le persil. Épluchez l'oignon et émincez-le le plus finement possible.

— Faites vider et éplucher les calamars par votre poissonnier. Avec une paire de ciseaux, découpez les tentacules et les nageoires, coupez-les finement et faites-les cuire 15 minutes à la poêle avec 1 cuillerée à soupe d'huile d'olive et l'oignon émincé. Mélangez-les avec le riz, les œufs durs émiettés, les pignons de pin, le persil, du sel et du poivre.

— Remplissez les calamars de farce, déposez-les dans un plat à gratin. Versez la purée de tomates, couvrez d'eau et faites cuire au four, à 160 °C (th. 5-6), pendant 40 minutes.

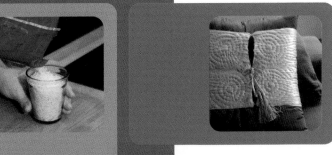

36

IDÉE DÉCO : Utilisez des bases neutres et intemporelles comme le blanc et le chocolat et apportez vos touches de couleur par un abat-jour, une housse de coussin, etc.

Mermez

INGRÉDIENTS :
800 g d'agneau désossé
4 tomates
4 poivrons rouges
3 gousses d'ail
3 oignons
1 cuil. à soupe de concentré de tomates
10 cl de bouillon de légumes
3 cuil. à soupe d'huile d'olive
1 petite boîte de pois chiches
Harissa (facultatif)
Sel & poivre.

POUR 4 PERSONNES
PRÉPARATION : 20 MIN
CUISSON : 35 MIN

— Coupez la viande en cubes. Lavez les légumes, pelez les tomates, épépinez-les ainsi que les poivrons. Épluchez l'ail et les oignons. Émincez le tout en petits dés, à l'exception de l'ail, qu'il faut piler. Délayez le concentré de tomates avec le bouillon.

— Dans une cocotte, faites chauffer l'huile d'olive et faites-y dorer l'agneau et la moitié des oignons. Ajoutez les pois chiches, le concentré de tomates ; salez et poivrez. Mélangez, couvrez et laissez mijoter 20 minutes à feu doux.

— Versez le reste des ingrédients dans la cocotte, mélangez et laissez cuire 10 minutes.

Chorba de Fès

INGRÉDIENTS :
3 tomates
3 carottes
2 navets
4 pommes de terre
2 branches de céleri
400 g de veau
1 dose de pistils de safran
1 cuil. à soupe d'huile d'olive
50 g de pâtes vermicelle
Coriandre ou persil (facultatif)
Sel & poivre.

POUR 4 PERSONNES
PRÉPARATION : 30 MIN
CUISSON : 1 H

— Lavez tous les légumes. Pelez et épépinez les tomates. Coupez tous les légumes et le veau en dés.

— Versez tous les ingrédients à l'exception des tomates et des vermicelles dans une marmite et versez 2 l d'eau bouillante. Portez à ébullition et laissez cuire 1 heure. Ajoutez les tomates en milieu de cuisson et les vermicelles 10 minutes avant la fin.

— Servez avec de la coriandre ou du persil.

Carottes sauce piquante

INGRÉDIENTS :

500 g de carottes nouvelles
1 cuil. à soupe de baies de poivre
2 piments secs égrenés
1 cuil. à café de graines de carvi
ou de cumin
5 gousses d'ail
4 cuil. à soupe d'huile d'olive
10 cl de vinaigre de vin ou d'alcool
Sel.

POUR 4 PERSONNES
PRÉPARATION : 10 MIN
CUISSON : 30 MIN

— Épluchez les carottes, coupez-les en rondelles et faites-les cuire à la vapeur 10 minutes.
— Dans un bol, pilez ensemble le poivre, les piments, les graines de carvi et l'ail épluché. Dans une poêle, faites chauffer les épices avec l'huile d'olive en remuant constamment pendant 7 minutes, pour que les arômes se développent. Versez les carottes puis le vinaigre, salez et mélangez. Couvrez et laissez cuire à feu doux pendant 10 minutes.

Tajine de potiron et de poulpe

INGRÉDIENTS :

1,500 kg de potiron
6 gousses d'ail
2 oignons
6 petits poulpes
1 petite boîte de pois chiches
1 cuil. à soupe d'huile d'olive
1 cuil. à soupe de cumin en poudre
1 cuil. à soupe de hot paprika
250 g de fèves écossées et épluchées
20 cl de coulis de tomates
1 cuil. à soupe de sucre en poudre
Sel & poivre.

POUR 6 PERSONNES
PRÉPARATION : 15 MIN
CUISSON : 30 MIN

— Épluchez et coupez le potiron en cubes. Épluchez et émincez l'ail et l'oignon. Coupez les poulpes en deux. Égouttez les pois chiches et rincez-les.
— Faites revenir les oignons 10 minutes dans une cocotte avec l'huile d'olive. Versez les épices et le poulpe. Mélangez et couvrez d'eau bouillante. Laissez mijoter 10 minutes. Versez tous les autres ingrédients et laissez mijoter encore 10 minutes. Vérifiez la cuisson des fèves et du potiron. Retirez du feu.

40

Couscous végétarien

INGRÉDIENTS :

8 pommes de terre à chair ferme
2 courgettes
300 g de potiron
1 poivron rouge
1 poivron vert
4 tomates pelées et épépinées
3 oignons
3 cuil. à soupe d'huile d'olive
1 grosse boîte de pois chiches
1 cuil. à soupe de paprika
500 g de couscous fin
Sel & poivre.

POUR 6 PERSONNES
PRÉPARATION : 30 MIN
CUISSON : 45 MIN
REPOS : 15 MIN

— Lavez et épluchez tous les légumes. Coupez-les en cubes à l'exception des oignons, qu'il faut émincer finement.

— Dans la marmite du couscoussier, faites revenir les oignons avec 1 cuillerée à soupe d'huile d'olive. Puis ajoutez les tomates, les pois chiches, du sel, du poivre et le paprika. Mélangez et versez 25 cl d'eau. Laissez mijoter 10 minutes.

— Pendant ce temps, mélangez à la main la semoule avec 5 cl d'eau froide et le reste d'huile. Versez dans la marmite le reste des légumes : pommes de terre, potiron, courgettes et poivrons ; mélangez. Placez le haut du couscoussier et versez-y la semoule. Couvrez et laissez cuire 30 minutes.

— Laissez reposer 10 à 15 minutes avant de servir.

42

CONSEIL :
Changez les légumes au fil des saisons !

Tajine de poulet aux fruits secs

INGRÉDIENTS :
1 poulet
3 oignons
1 bouquet de coriandre fraîche
1 cuil. à soupe d'huile d'olive
200 g d'amandes
200 g de pistaches décortiquées
100 g de noix
1 cuil. à soupe de Ras el Hanout
1 dose de safran
50 cl de bouillon de volaille
1 citron confit
300 g d'olives vertes
1 kg de pommes de terre
Sel & poivre du moulin.

6 PERSONNES
PRÉPARATION : 30 MIN
CUISSON : 1 H 10 MIN

— Découpez le poulet en morceaux, supprimez la peau. Épluchez et émincez les oignons. Lavez et hachez la moitié de la coriandre. Dans une cocotte, faites chauffer l'huile d'olive et faites revenir les oignons. Ajoutez la coriandre et mélangez.

— Ajoutez le poulet et faites dorer chaque morceau. Versez les fruits secs, les épices, salez et poivrez. Versez le bouillon de volaille et, si besoin, ajoutez un peu d'eau bouillante de façon que les ingrédients soient couverts. Laissez mijoter à feu moyen 30 minutes, en remuant de temps en temps.

— Coupez le citron confit en morceaux et ajoutez-le, ainsi que les olives. Laissez mijoter 10 minutes.

— Épluchez les pommes de terre et coupez-les en morceaux, versez-les dans la cocotte et laissez cuire 15 à 20 minutes, jusqu'à ce qu'elles soient cuites.

— Servez avec quelques brins de coriandre.

Tajine de poissons

INGRÉDIENTS :
2 carottes
8 petites pommes de terre
2 oignons
4 gousses d'ail
4 filets de merlan
2 citrons confits
1 cuil. à soupe d'huile d'olive
1 cuil. à café de gingembre en poudre
1 cuil. à café de paprika
150 g de crevettes décortiquées
6 branches de coriandre fraîche
Sel.

4 PERSONNES
PRÉPARATION : 20 MIN
CUISSON : 40 MIN

— Épluchez les carottes, les pommes de terre, les oignons et l'ail. Coupez les pommes de terre en cubes et les carottes en rondelles. Écrasez l'ail au presse-ail et émincez finement les oignons. Coupez chaque filet de merlan en 3 ou 4 morceaux. Coupez les citrons confits en quartiers.

— Dans une cocotte, faites dorer l'oignon avec l'huile. Ajoutez les épices, du sel, les carottes, les pommes de terre, l'ail et les citrons confits, couvrez d'eau et portez à ébullition. Réduisez le feu et laissez cuire à couvert 20 minutes. Ajoutez les crevettes et les morceaux de merlan. Mélangez délicatement et laissez cuire 15 minutes.

— Saupoudrez de coriandre hachée avant de servir.

Mhencha

PRÉPARATION : 35 MIN
CUISSON : 40 MIN

INGRÉDIENTS :

Pour la pâte d'amandes :
400 g d'amandes en poudre
100 g de sucre en poudre
2 cuil. à soupe d'eau de fleur d'oranger
60 g de beurre fondu
1 jaune d'œuf.

100 g de beurre
8 feuilles de pâte filo
2 cuil. à soupe de cannelle
1 œuf
20 g de sucre en poudre.

— Préparez la pâte d'amandes en mélangeant tous les ingrédients. Séparez la pâte en 10 morceaux et roulez-les afin d'obtenir des rouleaux de 10 cm de long.

— Faites fondre le beurre. Étalez 2 feuilles de pâte filo en les faisant se chevaucher sur le côté le plus étroit. Badigeonnez de beurre. Renforcez avec 2 autres feuilles de pâte filo, et badigeonnez à nouveau de beurre. Déposez 5 rouleaux de pâte d'amandes côte à côte et roulez-les sur eux-mêmes avec la pâte filo. Renouvelez l'opération avec les 4 feuilles et les 5 rouleaux restants.

— Roulez chacun des 2 grands rouleaux obtenus sur eux-mêmes afin de former 2 « escargots ». Badigeonnez la moitié du beurre restant de la moitié de l'œuf battu et saupoudrez de la moitié de la cannelle.

— Faites cuire au four à 180 °C (th. 6) pendant 15 à 20 minutes. Quand la pâte est dorée, retournez les spirales délicatement, versez le reste de beurre, d'œuf, de cannelle et le sucre. Enfournez et laissez cuire à nouveau 15 à 20 minutes.

46

CONSEIL :
Cette recette laisse Sophie bien pensive...
Tout le succès repose sur la cuisson lente des Mhencha.

Cigares aux amandes

INGRÉDIENTS :
250 g d'amandes entières
120 g de sucre en poudre
1 cuil. à café de cannelle en poudre
10 g de beurre
1 œuf
2 cuil. à soupe d'eau de fleur d'oranger
16 feuilles de brick
200 g de miel liquide.

PRÉPARATION : 35 MIN
CUISSON : 2 MIN
REPOS : 12 H

— La veille, faites tremper les amandes dans un grand récipient d'eau chaude.
Le jour même, épluchez les amandes et égouttez-les. Mixez-les avec le sucre et la cannelle.
Ajoutez le beurre, le blanc d'œuf et l'eau de fleur d'oranger et mixez à nouveau.
Partagez en 32 petits morceaux et formez des rouleaux de 5 à 6 cm de long.

— Découpez chaque feuille de brick en deux dans le sens de la longueur.
Déposez un rouleau de pâte d'amandes à l'extrémité, rabattez les bords de la feuille de brick et roulez le cigare sur lui-même. Collez le bord avec du jaune d'œuf.

— Plongez les cigares 1 à 2 minutes dans de l'huile de friture bien chaude, égouttez-les et plongez-les aussitôt dans le miel pendant 1 minute. Égouttez et laissez refroidir.

48

IDÉE DÉCO : La peinture à tableau noir est absolument géniale ! Elle s'applique sur n'importe quel support et vous permet de créer un tableau noir improvisé là où vous ne vous y attendiez pas.

Lundi

L'enfance de baligh

L'enfance de Baligh

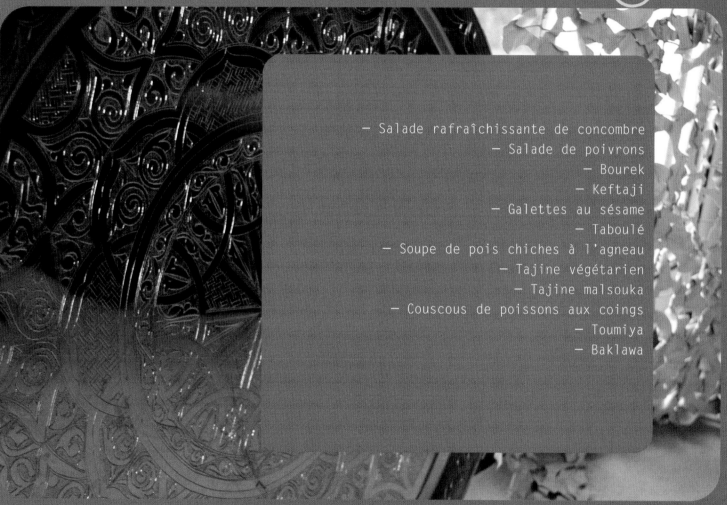

Salade rafraîchissante de concombre

INGRÉDIENTS :
1 concombre
2 branches de menthe fraîche
2 cuil. à soupe d'huile d'olive
2 cuil. à soupe d'eau de fleur
d'oranger
Le jus de 1 citron
1 cuil. à café de cannelle en poudre
2 cuil. à soupe de graines de sésame
Sel & poivre.

POUR 4 PERSONNES
PRÉPARATION : 10 MIN
MARINADE : 1 H

— Épluchez le concombre, coupez-le en quatre dans le sens de la longueur. Ôtez les graines et coupez la chair en petits dés. Lavez et ciselez la menthe. Mélangez dans un saladier l'huile d'olive, l'eau de fleur d'oranger, le jus de citron, la cannelle, la menthe, du sel et du poivre.
— Ajoutez le concombre, mélangez et placez au réfrigérateur 1 heure. Servez avec des graines de sésame grillées à sec dans une poêle.

Salade de poivrons

INGRÉDIENTS :
2 poivrons rouges
2 poivrons jaunes
4 tomates
2 oignons rouges
3 cuil. à soupe d'huile d'olive
12 quartiers de tomates confites
(ou séchées)
Le jus de 1 citron
2 branches de coriandre ciselées
Sel & poivre.

POUR 4 PERSONNES
PRÉPARATION : 30 MIN
CUISSON : 25 MIN

— Coupez les poivrons en quatre, supprimez les parties blanches et les graines. Faites griller les poivrons quelques minutes au four, à 180 °C (th. 6), puis placez-les dans un sac alimentaire afin de les éplucher. Coupez les poivrons en lanières. Pelez et épépinez les tomates, détaillez-les en dés. Épluchez les oignons et émincez-les.
— Dans une poêle, faites dorer à feu moyen les poivrons avec 1 cuillerée à soupe d'huile pendant 10 minutes environ. Retirez et faites de même avec les tomates. Dans un saladier, mélangez tous les ingrédients. Servez frais.

Bourek

POUR 4 PERSONNES
PRÉPARATION : 25 MIN
CUISSON : 15 MIN

INGRÉDIENTS :

1 oignon
2 à 4 cuil. à soupe d'huile d'olive
200 g de bœuf haché
200 g d'agneau haché
2 branches de menthe
2 branches de persil
6 portions de crème de gruyère
ou 100 g de feta
16 feuilles de brick
1 blanc d'œuf
Sel & poivre.

— Épluchez l'oignon et émincez-le. Faites-le dorer avec 1 cuillerée à soupe d'huile d'olive dans une poêle, puis ajoutez la viande de bœuf et d'agneau. Retirez du feu et ajoutez les herbes ciselées, le fromage, du sel et du poivre. Mélangez.

— Étalez 1 feuille de brick et déposez 2 cuillerées à soupe de farce au centre. Pliez la feuille de façon à obtenir un triangle. Collez les bords à l'aide d'un pinceau trempé dans le blanc d'œuf.

Dans une poêle bien chaude, versez le reste d'huile d'olive. Faites frire les bricks de chaque côté jusqu'à ce qu'elles soient dorées.

54

CONSEIL :
Attendez que l'huile soit bien chaude pour la cuisson des bourek.

Keftaji

INGRÉDIENTS :

500 g de pommes de terre
5 cuil. à soupe d'huile d'olive
4 tomates
1 bouquet de persil plat
1 à 3 petits piments selon les goûts
4 œufs
Sel.

POUR 4 PERSONNES
PRÉPARATION : 20 MIN
CUISSON : 35 MIN

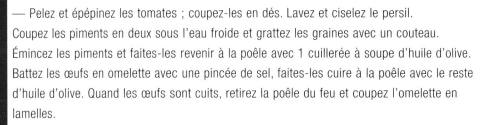

— Épluchez les pommes de terre et coupez-les en petits dés. Faites-les frire dans une poêle avec 3 cuillerées à soupe d'huile pendant 20 minutes environ. Remuez régulièrement.

— Pelez et épépinez les tomates ; coupez-les en dés. Lavez et ciselez le persil.
Coupez les piments en deux sous l'eau froide et grattez les graines avec un couteau.
Émincez les piments et faites-les revenir à la poêle avec 1 cuillerée à soupe d'huile d'olive.
Battez les œufs en omelette avec une pincée de sel, faites-les cuire à la poêle avec le reste d'huile d'olive. Quand les œufs sont cuits, retirez la poêle du feu et coupez l'omelette en lamelles.

— Dans un saladier, mélangez tous les ingrédients ; servez chaud.

56

IDÉE DÉCO : Peignez directement sur un mur de parpaings pour le faire ressortir, ajoutez-y un disque doré et le voici qui transforme votre chambre en un temple de plénitude.

Galettes au sésame

INGRÉDIENTS :
100 g de farine
1 cuil. à café de levure de boulanger
40 g de fécule de maïs
1 cuil. à café de paprika
1 cuil. à soupe d'huile de sésame
1 œuf
3 cuil. à soupe de sésame blond
Sel.

POUR 4 PERSONNES
PRÉPARATION : 20 MIN
CUISSON : 15 MIN
REPOS : 1 H 45 MIN

— Diluer la levure avec 5 cl d'eau tiède, laissez gonfler 15 minutes. Dans un saladier, mélangez la moitié de la farine, du sel. Couvrez d'un torchon propre et laissez reposer 1 heure.

— Versez le reste de la farine, la fécule de maïs, le paprika et l'huile sur la pâte levée. Pétrissez jusqu'à ce que la pâte soit homogène et lisse. Partagez la pâte en 16 portions égales et laissez reposer 15 minutes.

— Battez l'œuf. Abaissez chaque morceau, badigeonnez-le d'œuf et répartissez les graines de sésame. Laissez reposer 15 minutes et faites cuire au four 15 minutes à 160 °C (th. 5-6).

Taboulé

INGRÉDIENTS :
100 g du couscous fin
3 oignons rouges
4 tomates
1 concombre
100 g d'olives noires (facultatif)
1 bouquet de persil plat
6 branches de feuilles de menthe fraîche
Le jus de 2 citrons
6 cuil. à soupe d'huile d'olive
Sel & poivre.

POUR 4 PERSONNES
PRÉPARATION : 15 MIN
REPOS : 2 À 3 H

— Rincez la semoule sous l'eau tiède pendant 1 minute. Égouttez-la puis versez-la dans un saladier. Aérez-la avec une fourchette pendant 2 à 3 minutes.

— Lavez et épluchez les légumes, coupez-les en dés. Hachez grossièrement les olives. Lavez et ciselez les fines herbes. Versez tous les ingrédients dans le saladier et mélangez. Laissez reposer 2 à 3 heures au frais avant de servir.

Soupe de pois chiches à l'agneau

INGRÉDIENTS :

150 g de pois chiches
100 g de lentilles corail
200 g de viande d'agneau
2 gousses d'ail
1 oignon
2 cuil. à soupe d'huile d'olive
1 bouquet de persil plat
1 bouquet de coriandre fraîche
6 tomates
2 cuil. à soupe de concentré de tomates
Sel & poivre.

POUR 4 PERSONNES
PRÉPARATION : 20 MIN
CUISSON : 1 H
REPOS : 12 H

— La veille, faites tremper les pois chiches dans une marmite d'eau salée.

— Rincez les pois chiches et versez-les dans une marmite, couvrez d'eau et faites cuire 30 minutes avec les lentilles corail. Pendant ce temps, coupez la viande en petits morceaux ; épluchez et émincez l'ail et l'oignon. Dans une poêle, faites chauffer l'huile d'olive et faites-y dorer l'oignon et l'agneau. Retirez du feu quand l'agneau est doré et bien cuit.

— Lavez et ciselez le persil et la coriandre. Pelez et épépinez les tomates. Ajoutez tous les ingrédients dans la marmite, à l'exception des herbes et de l'agneau. Laissez cuire 10 minutes avant de mixer la soupe. Rectifier l'assaisonnement. Ajoutez les herbes et l'agneau, laissez mijoter 5 minutes avant de servir.

60

CONSEIL :
Pour un effet plus authentique,
ne mixez pas la soupe !

Tajine végétarien

INGRÉDIENTS :

500 g de pommes de terre
4 carottes
1 oignon
2 gousses d'ail
2 tomates pelées et épépinées
200 g d'olives vertes
1 cuil. à soupe d'huile d'olive
1 cuil. à soupe de cumin en poudre
1 cuil. à soupe de cannelle en poudre
1 cuil. à soupe de gingembre en poudre
1 cuil. à soupe de paprika
1 petite boîte de pois chiches
50 cl de bouillon de légumes
Sel & poivre.

POUR 4 PERSONNES
PRÉPARATION : 20 MIN
CUISSON : 1 H 10 MIN

— Lavez et épluchez tous les légumes, coupez-les en morceaux à l'exception des oignons et de l'ail, qu'il faut émincer.

— Dans une cocotte, faites dorer les oignons avec l'huile d'olive, le cumin, la cannelle, le gingembre et le paprika. Remuez régulièrement. Ajoutez les tomates et l'ail, laissez cuire 5 à 7 minutes en remuant. Ajoutez tous les autres ingrédients à part les pommes de terre, versez 50 cl d'eau et laissez mijoter 30 minutes à couvert. Remuez une ou deux fois. Ajoutez les pommes de terre et 30 cl d'eau ; mélangez et laissez cuire 30 minutes à couvert. Si besoin, augmentez le feu en fin de cuisson afin de réduire la sauce.

— Servez avec quelques brins de persil ou de coriandre.

Tajine malsouka

INGRÉDIENTS :
500 g d'agneau sans os
200 g de foie de mouton
2 oignons
3 cuil. à soupe d'huile d'olive
1 cuil. à soupe de cumin en poudre
4 portions de crème de gruyère
100 g de fromage râpé
4 œufs + 1 jaune
10 feuilles de brick
Sel & poivre.

POUR 6 PERSONNES
PRÉPARATION : 30 MIN
CUISSON : 1 H

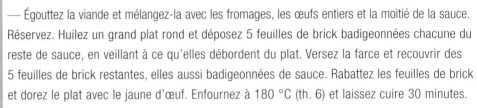

— Coupez l'agneau et le foie en très petits morceaux. Épluchez et émincez les oignons finement. Faites revenir l'oignon dans une cocotte avec 1 cuillerée à soupe d'huile. Quand l'oignon est doré, ajoutez le cumin, la viande et le foie et laissez cuire 5 minutes. Versez 50 cl d'eau et portez à ébullition. Laissez cuire 10 à 15 minutes : la viande doit être cuite et le jus de cuisson doit avoir réduit pour prendre la consistance d'une sauce.

— Égouttez la viande et mélangez-la avec les fromages, les œufs entiers et la moitié de la sauce. Réservez. Huilez un grand plat rond et déposez 5 feuilles de brick badigeonnées chacune du reste de sauce, en veillant à ce qu'elles débordent du plat. Versez la farce et recouvrir des 5 feuilles de brick restantes, elles aussi badigeonnées de sauce. Rabattez les feuilles de brick et dorez le plat avec le jaune d'œuf. Enfournez à 180 °C (th. 6) et laissez cuire 30 minutes.

64

IDÉE DÉCO : Je suis assez fière de ma bibliothèque, réalisée avec ma sœur ; sa taille surprend et offre une multitude de rangements ordonnés. Des détails peuvent être mis en valeur par un fond de niche coloré.

Couscous de poissons aux coings

INGRÉDIENTS :
1 oignon
2 poivrons
1 boîte de pois chiches
1 citron
2 coings
1 cuil. à soupe de concentré de tomates
800 g de poisson à chair ferme
(mérou, lotte)
2 cuil. à soupe d'huile d'olive
1 cuil. à café de cannelle en poudre
1 cuil. à café de cumin en poudre
200 g de semoule moyenne
150 g de raisins secs blonds
Sel & poivre.

POUR 4 PERSONNES
PRÉPARATION : 20 MIN
CUISSON : 35 MIN

— Épluchez et émincez l'oignon. Épépinez les poivrons et coupez-les en lamelles. Rincez les pois chiches. Pressez le citron et versez le jus dans un saladier d'eau. Coupez les coings en quartiers, supprimez les pépins et plongez les quartiers dans l'eau citronnée. Diluez le concentré de tomates avec 40 cl d'eau chaude. Coupez le poisson en gros morceaux.

— Faites chauffer l'huile d'olive dans la marmite du couscoussier et faites-y revenir l'oignon. Ajoutez les morceaux de poisson, les coings égouttés, les pois chiches et les épices. Versez le concentré de tomates dilué, assaisonnez et portez à ébullition. En même temps, versez la semoule dans le panier du couscoussier et couvrez. Réduisez le feu et laissez mijoter 30 minutes. En milieu de cuisson, versez les raisins et les poivrons dans la cocotte du couscoussier.

— Versez la semoule dans un plat et recouvrez-la de sauce, de légumes et des morceaux de poisson.

CONSEIL : Remplacez les raisins secs par quelques dattes dénoyautées ou par des olives vertes.

66

Toumiya

INGRÉDIENTS :
50 g de beurre
6 cuil. à soupe de miel liquide
2 cuil. à soupe d'eau de fleur d'oranger
500 g de semoule moyenne
1 cuil. à soupe de cannelle en poudre.

POUR 6 PERSONNES
PRÉPARATION : 5 MIN
CUISSON : 30 MIN

— Faites fondre le beurre dans une grande casserole à feu doux. Versez le miel en remuant avec une cuillère en bois. Quand le mélange est homogène, ajoutez l'eau de fleur d'oranger.
— Versez la semoule en pluie petit à petit, en remuant constamment. Dès que vous obtenez une consistance homogène, stoppez la cuisson et versez dans des bols ou des assiettes creuses. Laissez refroidir, saupoudrez de cannelle au moment de servir.

Baklawa

INGRÉDIENTS :
250 g d'amandes en poudre
250 g de noix en poudre
250 g de noisettes en poudre
300 g de sucre en poudre
5 cuil. à soupe d'eau de fleur d'oranger
300 g de beurre
14 feuilles de pâte filo
750 g de miel liquide.

PRÉPARATION : 25 MIN
CUISSON : 40 MIN
REPOS : 2 JOURS

— Dans un saladier, mélangez les poudres d'amande, de noix et de noisette avec le sucre et l'eau de fleur d'oranger.
— Faites fondre le beurre. Beurrez un grand plat, et déposez 7 feuilles de pâte filo en les badigeonnant chacune de beurre. Répartissez le mélange de fruits secs et déposez les 7 feuilles de pâte filo restantes, elles aussi badigeonnées de beurre fondu. Tracez des losanges sur la couche supérieure avec la pointe d'un couteau.
— Faites cuire 30 à 40 minutes au four à 160 °C (th. 5-6). Les feuilles doivent être dorées et croustillantes. Arrosez immédiatement de miel sur l'ensemble du plat et laissez reposer 48 heures dans un endroit sec et frais. Découpez les losanges avant de servir.

La petite touche de Sophie

– Bricks au caviar d'abergine et à la tapenade
– Salade de radis noir à la fleur d'oranger
– Salade de fèves au persil et au piment
– Bricks au sésame
– Pommes de terre farcies aux sardines
– Tajine d'agneau aux coings et aux pommes
– Rouget à la menthe et aux noix
– Ratatouille au thon
– Fenouil en sauce piquante
– Aubergines au yaourt
– Babouches
– Couscous aux épices
– Tarte à la pastèque

Bricks au caviar d'aubergine
et à la tapenade

INGRÉDIENTS :

2 aubergines
4 cuil. à soupe d'huile d'olive
2 cuil. à soupe de purée de sésame
1 cuil. à café de cumin en poudre
100 g d'olives vertes
75 g d'amandes
100 g d'olives noires
75 g de noix
20 feuilles de brick
1 blanc d'œuf
Sel & poivre.

POUR 4 PERSONNES
PRÉPARATION : 20 MIN
CUISSON : 45 MIN

— Lavez les aubergines, essuyez-les puis badigeonnez-les d'un peu d'huile d'olive. Mettez les aubergines à cuire pendant 30 minutes au four à 160 °C (th. 5-6) ; retirez-les quand la peau commence à se friper. Laissez refroidir les aubergines avant de les couper en deux. Prélevez la chair avec une cuillère. Mixer la chair avec la purée de sésame, le cumin, du sel et du poivre.

— Dans 2 bols séparés, mixez les olives vertes avec les amandes et les olives noires avec les noix.

— Étalez 1 feuille de brick et déposez 2 cuillerées à soupe de caviar d'aubergine au centre. Puis déposez 1 cuillerée à soupe de tapenade verte ou noire. Pliez la feuille de façon à obtenir un triangle. Collez les bords à l'aide d'un pinceau trempé dans le blanc d'œuf. Réalisez ainsi 20 bricks.

— Dans une poêle bien chaude, versez le reste d'huile d'olive. Faites frire les bricks de chaque côté jusqu'à ce qu'elles soient dorées.

— Servez avec une salade verte.

72

CONSEIL :
Ajoutez quelques zestes de citron au caviar d'aubergine.
Effet fraîcheur garanti !

Salade de radis noir à la fleur d'oranger

INGRÉDIENTS :
2 carottes
1 radis noir
Le jus de 1 citron
2 cuil. à soupe d'eau de fleur
d'oranger
3 cuil. à soupe d'huile d'olive
Sel.

POUR 4 PERSONNES
PRÉPARATION : 10 MIN
MARINADE : 1 H

— Lavez et épluchez les carottes et le radis noir. Râpez-les et versez-les dans un saladier avec tous les ingrédients. Mélangez et laissez mariner 1 heure au frais.

Salade de fèves au persil et au piment

INGRÉDIENTS :
4 tomates
1 concombre
3 branches de coriandre
5 branches de persil plat
Le jus de 1 citron
1 petit piment
3 gousses d'ail
3 cuil. à soupe d'huile d'olive
400 g de fèves écossées et épluchées
Sel & poivre.

POUR 4 PERSONNES
PRÉPARATION : 15 MIN
CUISSON : 15 MIN

— Lavez les tomates, coupez-les en dés après les avoir épépinées. Lavez et épluchez le concombre, supprimez les graines et coupez-le en petits morceaux. Rincez et hachez les fines herbes. Mélangez dans un saladier le concombre, les tomates, les herbes, le jus de citron, du sel et du poivre.
— Coupez le piment en deux, ôtez les graines sous un filet d'eau, hachez le piment finement. Épluchez et hachez l'ail. Dans une cocotte, faites chauffer l'huile d'olive avec le piment et l'ail. Ajoutez les fèves 5 minutes plus tard et laissez cuire 10 minutes en remuant constamment. Retirez du feu et laissez refroidir avant de verser dans le saladier.
— Mélangez et servez tiède ou frais.

74

Bricks au sésame

INGRÉDIENTS :
4 branches de persil
1 gousse d'ail
1 oignon
4 cuil. à soupe d'huile d'olive
250 g de bœuf haché
3 cuil. à soupe de purée de sésame
4 cuil. à soupe de graines de sésame
2 œufs
16 feuilles de brick
Sel & poivre.

POUR 4 PERSONNES
PRÉPARATION : 20 MIN
CUISSON : 40 MIN

— Lavez et égouttez le persil, puis hachez-le. Épluchez et émincez l'ail et l'oignon.
Faites dorer l'oignon avec un filet d'huile, puis ajoutez le bœuf, l'ail et le persil.
Laissez cuire 10 à 15 minutes en remuant régulièrement.

— Versez la viande dans un saladier et mélangez intimement avec la purée de sésame,
les graines de sésame, du sel et du poivre. Quand le mélange est homogène, ajoutez
les œufs et mélangez énergiquement.

— Procédez de la même façon pour les 16 feuilles : déroulez la feuille de brick, étalez
la farce au centre. Rabattez deux bords opposés de façon à obtenir une forme rectangulaire,
puis roulez la feuille sur elle-même pour obtenir un cigare.

— Huilez un plat et déposez toutes les bricks. Badigeonnez-les d'huile et enfournez à 160 °C
(th. 5-6). Laissez cuire 30 minutes.

Pommes de terre farcies aux sardines

INGRÉDIENTS :
1 boîte de 250 g de sardines à
l'huile d'olive
1 cuil. à café de Ras el Hanout
1 oignon
2 cuil. à soupe de crème fraîche
épaisse
8 grosses pommes de terre
Sel & poivre.

POUR 4 PERSONNES
PRÉPARATION : 20 MIN
CUISSON : 40 MIN

— Lavez et égouttez le persil. Dans un mixeur, mixez ensemble les sardines, le Ras el Hanout, l'assaisonnement, le persil, l'oignon et la crème fraîche.

— Lavez les pommes de terre et coupez-les en deux. Enlevez la moitié de la chair de façon à creuser un puits. Disposez les pommes de terre en équilibre dans un plat, remplissez-les de farce. Versez 25 cl d'eau dans le plat. Enfournez à 160 °C (th. 5-6) et laissez cuire 30 à 40 minutes. Ajoutez un peu d'eau si besoin. Les pommes de terre doivent être fondantes quand vous les retirerez.

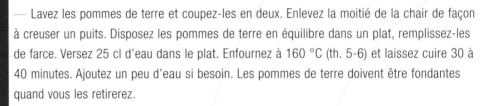

CONSEIL : Vous pouvez réaliser cette recette avec des sardines fraîches, mais c'est beaucoup plus long !

Tajine d'agneau aux coings et aux pommes

INGRÉDIENTS :
500 g de pommes
500 g de coings
1 oignon
800 g d'épaule d'agneau
3 cuil. à soupe d'huile d'olive
1 cuil. à soupe de Ras el Hanout
1 cuil. à soupe de paprika
3 cuil. à soupe de sucre en poudre
200 g de dattes
Sel.

POUR 6 PERSONNES
PRÉPARATION : 15 MIN
CUISSON : 1 H

— Lavez et épluchez les pommes et les coings ; coupez-les en gros cubes. Épluchez et émincez l'oignon.

— Coupez la viande en 6 morceaux. Dans une cocotte, faites revenir à l'huile d'olive l'oignon avec l'agneau. Versez les épices, l'assaisonnement et 30 cl d'eau, portez à ébullition et réduisez le feu. Couvrez, laissez mijoter 30 minutes et versez le sucre, les dattes, les morceaux de coing. Mélangez, couvrez et laissez mijoter à nouveau 10 minutes. Ajoutez les pommes, couvrez et laissez cuire 10 minutes. Ajoutez un peu d'eau chaude si nécessaire.

80

IDÉE DÉCO : *Pour donner l'impression que la lumière pénètre chez vous au travers de branchages, utilisez un filet de camouflage comme rideau ; en plus du côté déco, il vous protège des regards de l'extérieur, tels les moucharabiehs. Exquis en coloris blanc...*

Rouget à la menthe et aux noix

INGRÉDIENTS :

4 rougets entiers de 250 g environ
2 citrons non traités
1 bouquet de menthe fraîche
16 cerneaux de noix
1 oignon rouge
1 cuil. à café de hot paprika ou
de piment en poudre
1 pointe de harissa (facultatif)
1 cuil. à soupe d'huile d'olive
Sel.

POUR 4 PERSONNES
PRÉPARATION : 20 MIN
MARINADE : 1 H
CUISSON : 10 MIN

— Videz les rougets. Rincez-les à l'eau froide.

— Zestez et pressez les citrons. Versez tous les ingrédients à l'exception des rougets dans un mixeur. Mixez jusqu'à obtention d'une pâte fine et homogène.

— À l'aide d'une cuillère, introduisez la farce dans les poissons. Posez les poissons dans un plat et badigeonnez-les de chaque côté du reste de pâte. Laissez mariner au frais pendant 1 heure.

— Faites cuire les rougets 5 minutes de chaque côté sous le gril du four.

82

CONSEIL : Si, comme Sophie, vous détestez vider les poissons, demandez à votre poissonnier de le faire pour vous.

Ratatouille au thon

INGRÉDIENTS :
6 tomates
3 poivrons verts ou rouges
2 aubergines
3 courgettes
1 petit piment
3 gousses d'ail
500 g de thon frais
5 cuil. à soupe d'huile d'olive
2 branches de thym
1 cuil. à café d'origan
Sel.

POUR 4 PERSONNES
PRÉPARATION : 25 MIN
CUISSON : 50 MIN

— Lavez tous les légumes. Pelez et épépinez les tomates. Détaillez les légumes en morceaux. Épluchez l'ail et coupez les gousses en deux. Coupez le thon en dés.

— Dans une cocotte, faites dorer les poivrons avec 1 cuillerée à soupe d'huile. Laissez cuire 10 minutes en remuant. Versez les aubergines ainsi que 2 cuillerées à soupe d'huile et laissez cuire à nouveau 10 minutes en remuant. Ajoutez les courgettes avec le thym et l'origan, le reste d'huile et laissez mijoter 10 minutes à couvert. Ajoutez les tomates, le thon, le piment et l'ail, mélangez et laissez mijoter à feu très doux pendant 20 minutes. Ajoutez 10 cl d'eau si besoin.

— Servez chaud, tiède ou froid en entrée.

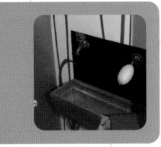

84

IDÉE DÉCO : *Nous avons recréé dans nos toilettes un jardin avec des éléments simples ; des brins d'herbe adhésifs sur le mur, un petit arrosoir et une miniserre en zinc, un robinet de jardin et un bac à fleurs en guise de vasque.*

Fenouil en sauce piquante

INGRÉDIENTS :
2 petits fenouils
6 gousses d'ail
2 petits piments forts
2 cuil. à soupe de concentré
de tomates
1 cuil. à soupe de graines de cumin
3 cuil. à soupe d'huile d'olive
Sel, poivre du moulin.

POUR 4 PERSONNES
PRÉPARATION : 15 MIN
CUISSON : 30 MIN

— Émincez le fenouil en lamelles. Épluchez l'ail et écrasez-le à l'aide d'un presse-ail. Coupez les piments en deux, ôtez les graines sous un filet d'eau froide. Émincez les piments en très petits morceaux. Diluez le concentré de tomates avec 10 cl d'eau tiède.

— Dans une cocotte, faites revenir à feu moyen le fenouil avec le cumin pendant 10 minutes. Puis versez le reste des ingrédients, augmentez le feu pendant 10 minutes et remuez constamment. Baissez le feu et laissez mijoter à couvert pendant 10 minutes. Ajoutez un peu d'eau si besoin.

Aubergines au yaourt

INGRÉDIENTS :
2 aubergines
2 cuil. à soupe d'huile d'olive
3 gousses d'ail
Le jus de 1 citron
1 cuil. à soupe de cumin en poudre
2 yaourts nature
Sel.

POUR 4 PERSONNES
PRÉPARATION : 15 MIN
CUISSON : 30 MIN

— Lavez les aubergines, essuyez-les puis badigeonnez-les d'huile d'olive. Mettez les aubergines à cuire au four à 160 °C (th. 5-6) pendant 30 minutes, retirez-les quand la peau commence à se friper. Laissez refroidir les aubergines avant de les couper en deux. Prélevez la chair avec une cuillère. Épluchez l'ail et écrasez les gousses dans un presse-ail. Dans un saladier, mélangez tous les ingrédients. Servez très frais.

Babouches

INGRÉDIENTS :
200 g d'amandes
1 œuf
75 g de beurre
500 g de graines de sésame blond
500 g de farine
1 cuil. à café de cannelle en poudre
1 cuil. à soupe de levure chimique
4 cuil. à soupe d'eau de fleur d'oranger
500 g de miel liquide
Sel.

PRÉPARATION : 1 H
CUISSON : 5 MIN
REPOS : 12 H

— La veille, faites tremper les amandes dans un saladier d'eau. Le jour même, égouttez les amandes, épluchez-les et réservez-les pour la fin de la recette. Battez l'œuf. Faites fondre le beurre et réservez.

— Dans un récipient, mélangez tous les ingrédients secs et formez un puits. Versez l'œuf, le beurre et 2 cuillerées à soupe d'eau de fleur d'oranger. Malaxez jusqu'à obtention d'une pâte homogène et ferme. Divisez la pâte en 6 parts. Abaissez les parts une par une puis découpez des carrés de 5 à 6 cm de côté. Rabattez un angle de façon à former un triangle et pincez cet angle pour souder la babouche.

— Faites chauffer de l'huile de friture. Dans un bol, mélangez le miel avec le reste d'eau de fleur d'oranger. Faites frire les babouches environ 5 minutes ; quand elles sont dorées, égouttez-les et trempez-les dans le miel 1 minute. Égouttez les babouches et laissez-les refroidir. Glissez une amande dans chaque babouche.

88

IDÉE DÉCO : Des niches incrustées dans le mur et éclairées par des spots basse tension permettent de mettre en valeur certains objets et animent la descente d'escalier vers la salle de bains.

Couscous aux épices

INGRÉDIENTS :
400 g de seffa (grosse semoule)
2 cuil. à soupe d'huile d'olive
75 g de beurre doux
1 cuil. à café de graines d'anis
1 cuil. à café de cannelle en poudre
Sucre roux (selon les goûts)
200 g de dattes ou de raisins secs
1 cuil. à café de sel.

POUR 4 PERSONNES
PRÉPARATION : 30 MIN
REPOS : 20 MIN
CUISSON : 1 H

— Dans un plat, travaillez la semoule avec les mains avec 5 cl d'eau et quelques gouttes d'huile. Faites cuire 20 minutes dans le panier du couscoussier.

— Retirez, versez dans le plat afin de travailler à nouveau la semoule avec la moitié du beurre et 10 cl d'eau. Ajoutez les graines d'anis, le sel et la cannelle. Laissez reposer 10 minutes. Faites cuire 20 minutes dans le panier du couscoussier.

— Versez dans le plat et travaillez la semoule une dernière fois avec le reste d'huile et 5 cl d'eau. Laissez reposer 10 minutes. Faites cuire 20 minutes dans le panier du couscoussier. Versez dans le plat et mélangez la semoule avec le reste du beurre. Servez avec du sucre roux, des dattes ou des raisins secs.

90

CONSEIL : Le secret de cette recette, ce sont les temps de repos. Respectez-les bien, le résultat sera à la hauteur !

Tarte à la pastèque

INGRÉDIENTS :

350 g de pâte brisée
700 g de pastèque
2 œufs
60 g de sucre en poudre
30 g de farine
25 cl de lait
3 cuil. à soupe de miel liquide.

POUR 4 À 6 PERSONNES
PRÉPARATION : 20 MIN
CUISSON : 50 MIN

— Étalez la pâte et disposez-la dans un moule à tarte. Faites précuire la pâte 10 minutes à 180 °C (th. 6).

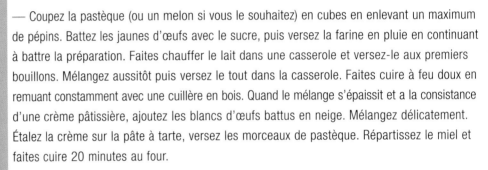

— Coupez la pastèque (ou un melon si vous le souhaitez) en cubes en enlevant un maximum de pépins. Battez les jaunes d'œufs avec le sucre, puis versez la farine en pluie en continuant à battre la préparation. Faites chauffer le lait dans une casserole et versez-le aux premiers bouillons. Mélangez aussitôt puis versez le tout dans la casserole. Faites cuire à feu doux en remuant constamment avec une cuillère en bois. Quand le mélange s'épaissit et a la consistance d'une crème pâtissière, ajoutez les blancs d'œufs battus en neige. Mélangez délicatement. Étalez la crème sur la pâte à tarte, versez les morceaux de pastèque. Répartissez le miel et faites cuire 20 minutes au four.

— Pour précuire une pâte à tarte, déposez une feuille de papier sulfurisé et couvrez-la avec du riz ou des légumineuses. Votre pâte sera bien croustillante !

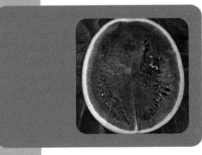

92

IDÉE DÉCO : *Enfin des interrupteurs sympas, qui changent de ceux en plastique blanc. Ils existent en différents métaux pour s'adapter à vos goûts et au style de chaque pièce.*

Dépôt légal 3e trimestre 2006 – n° 3128

Imprimé en U.E.